ESPRIT

DE LA

RÉPUBLIQUE CHRÉTIENNE

Par P. THOUESNY, dit TRANQUILLE,

De la commune du Theil, arrondissement de Cherbourg (Manche.)

Liberté.   Égalité.   Fraternité.
RAISON.   FOI.   SCIENCE.

« Si j'ai mal parlé, montrez-moi en quoi j'ai erré ; si j'ai bien parlé, pourquoi me frappez-vous ?   (JÉSUS-CHRIST.)

« Ne prenez point de part aux œuvres infructueuses des ténèbres ; au contraire, condamnez-les.

(S.-PAUL, ap., au Éphésiens, chap. V, vers. II.)

Soyons en garde tous contre les factieux ;
Repoussant leurs écrits et leurs coupables vœux,
Nous les verrons bientôt, baissant leur tête altière,
Intimidés, honteux, rentrer dans la poussière !

PRIX : 50 CENT.

A ROUEN,

CHEZ LES PRINCIPAUX LIBRAIRES,

Et à Maromme, chez l'Auteur.

1848.

Rouen. — Imp. de A. Péron.

ESPRIT

DE LA

RÉPUBLIQUE CHRÉTIENNE.

***

A tous nos vertueux Magistrats !
A tous les Écrivains Démocrates !
A tous les Républicains !

> « Dictez-nous les lois de la liberté, de l'égalité,
> « de la fraternité. Nous ne voulons plus rien
> « posséder qu'au titre sacré de la justice. Nos
> « pères ont marché dans les sentiers de l'igno-
> « rance ; les vraies lois de la morale et de la
> « raison sont encore obscures. Si nous sommes
> « éclairés, nous n'abuserons point de notre
> « force. Nous avons des ressentiments, nous
> « les oublions ; nous ne voulons qu'être libres. »
>
> (VOLNEY. *Les Ruines, ou Méditation*
> *sur les Révolutions des Empires.*)

BRAVES CITOYENS !

Maintenant que le peuple français a surmonté les dif-
ficultés humainement insurmontables ; maintenant que
nous avons d'illustres magistrats dignes de notre confiance ;
maintenant que le peuple français peut et doit se reposer
avec confiance sur le Gouvernement Républicain, ne formons plus qu'un peuple de frères. Restons unis d'esprit
et de cœur pour maintenir nos droits reconquis sur les
ennemis de la paix et de l'ordre public.

Ne formons qu'un cœur, ne formons qu'une voix. Nous
devons et voulons rendre publique notre reconnaissance

envers nos vertueux magistrats et envers tous les écrivains démocrates, hommes qui nous ont décillé les yeux par leurs savantes, leurs éloquentes productions, et envers le peuple de notre belle France, dont la gloire, toujours croissante comme la valeur qui la précède, force les nations d'admirer le courage et le sang-froid de nos concitoyens. Vive la République!

Ah! qu'il était juste que la gloire du peuple succédât aux insultes, aux humiliations qu'il éprouvait depuis si longtemps de la part d'un injuste pouvoir, aussi ennemi de la justice, de la raison et de la véritable science morale, sans laquelle il n'est point de saine politique, et, par conséquent, point de liberté.

Mais ne nous y trompons pas : l'ennemi le plus dangereux, c'est l'ennemi caché! Faisons donc de la propagande! Éclairons nos frères! Et soyons tous comme en védette!

Soyons en garde tous contre les factieux !
Repoussant leurs écrits et leurs coupables vœux,
Nous les verrons bientôt, baissant leur tête altière,
Intimidés, honteux, rentrer dans la poussière ! !

Cantique Icarien orthodoxe.

(12 Février 1848.)

« Je vous donne un commandement nou-
« veau : que vous vous aimiez les uns les autres
« comme je vous ai aimés » (paroles de J.-C.,
évangile Saint-Jean, chapitre XIII verset 34).

« Adoptons, pratiquons, propageons le prin-
« cipe sacré de la fraternité ; tirons-en les con-
« séquences, et nous arriverons à l'organisation
« sociale la plus capable de réaliser complè-
« tement le salut et le bonheur de l'humanité »
(M. Cabet, *Voyage en Icarie*).

AIR : *Un Fantôme brillant séduisit ma jeunesse.*

Par des soupirs ardents, le monde vous implore,
Cabet, de par Jésus, venez briser nos fers [1],
Renversez, détruisez les principes pervers
Du joug avilissant que l'homme déshonore.

REFRAIN :

Cabet, de par Jésus, venez combler nos vœux ;
D'après lui, sur nos cœurs, ayez un saint empire ;
Sauvez-nous, sauvez-nous, nos périls sont affreux.
Après un prompt secours (*bis*) tout le peuple soupire !

Ce n'est plus que terreurs, que larmes, que tristesse
Dans le peuple, ô Jésus, l'objet de vos faveurs,
Nos maux sont accablants, mais, sensible à nos pleurs,
Au peuple vous tenez votre sainte promesse.
Cabet, de par Jésus, etc.

---

[1] Voyez le vrai Christianisme suivant J.-C., par M. Cabet,
unissant inséparablement cette inséparable trinité :
RAISON, FOI, SCIENCE ! ! !

Quelle effroyable nuit, ah ! qu'elle est ténébreuse,
L'univers, entouré des ombres de la mort,
S'avançant vers l'abîme, est déjà sur le bord....
Quand naîtra donc du jour la clarté radieuse ?
Cabet, de par Jésus, etc.

Etrange aveuglément, ô honteuse ignorance !
L'homme adore des Dieux qu'ont fabriqués ses mains ;
Mais Jésus-Christ parait, il apprend aux humains
Qu'à Dieu seul appartient la gloire et la puissance !
Cabet, de par Jésus, etc.

Du temple même en deuil, les voûtes magnifiques
De nos chants animés ne retentissent plus...
Mais les gémissements de nos cœurs abattus
Remplacent les accords de nos joyeux cantiques.
Cabet, de par Jésus, etc.

Au fond de tous les cœurs la foi semblait tarie,
Il y germait la mort, les crimes, les fléaux ;
Mais, enfin, nous sentons la fin de tous nos maux,
Naviguant vers l'éden de la sainte Icarie.
Cabet, de par Jésus, etc.

Frères, consolons-nous, les portes de l'aurore
S'ouvriront à la voix du Dieu de vérité,
Et déjà ses rayons, peignant sa majesté,
Annoncent le grand jour qui pour nous vient d'éclore !
Cabet, de par Jésus, etc.

Bénit soit à jamais, divine Providence,
Le grand homme éclairé par ton divin flambeau ;
Que de sa Trinité l'Esprit-Saint est donc beau !
Lui seul unit la foi, la raison, la science.
Cabet, de par Jésus, etc.

XII 𝕾𝖙𝖗𝖔𝖕𝖍𝖊𝖘 𝖕𝖆𝖙𝖗𝖎𝖔𝖙𝖎𝖖𝖚𝖊𝖘.

(2 Mars 1848.)

« Tes corps sont les remparts des états désolés.
« C'est toi qui raffermis les trônes ébranlés. »
M. Thomas , *Épitre au Peuple.*

I

Français du drapeau tricolore ,
Vrais amis de la liberté ,
Français , dont la France s'honore ,
Nous retrouvons l'humanité.
La République nous le jure ,
Mais, d'une conscience pure ,
Avec franchise , avec honneur.
Malheur aux tyrans de la France
S'ils troublent notre indépendance ,
Ils reverront notre valeur !

II

Peuple , notre gloire prospère ,
Suivons le chemin de l'honneur ,
La République , en bonne mère ,
A tous fera notre bonheur.
Français , le globe nous contemple ;
La République donne exemple ,
L'exemple d'être tous humains,
Ses principes donnent la vie ,
Et la sainte philosophie
Tient notre bonheur dans ses mains.

III

La raison de l'homme, la gloire,
Doit toujours se montrer à lui.
Amis du vrai, daignez m'en croire,
La raison, notre ferme appui,
Dans le cours de notre carrière,
Doit tout soumettre à sa lumière :
Jamais de contradictions ;
Préférons-la donc à la fable
Dont le système épouvantable
Produit des révolutions !

IV

Vérité, que trop on ignore,
Viens parler ici par ma voix,
L'aristocrate en tout t'abhorre
Comme étant rebelle à ses lois.
Divinité ! dans ton allure,
Tu nous viens d'une source pure,
Pour instruire de vieux enfants.
Vérité, foi, raison suprême,
Triple pouvoir, sachez vous-même
Toujours démasquer nos tyrans !

V

Le peuple ne veut plus la guerre,
Ce fléau de l'humanité,
Qui de ses tyrans, sur la terre,
Démontre la férocité ;
Mais la liberté qui l'anime,

Toujours par un élan sublime,
Par le noble élan de son cœur
Qui, se tournant toujours vers elle,
Veut conserver cette immortelle
Ou périr sur le champ d'honneur !

VI

Ce n'est donc que par un sot zèle,
Par un zèle inconsidéré,
Que l'aristocrate rebelle
Au savoir le plus éclairé,
Toujours le mensonge à la bouche,
A la Raison toujours farouche,
Voudrait renverser notre autel,
En invoquant l'Être suprême
Ou plutôt prêchant le blasphême,
Croyant le peuple un sot mortel !

VII

L'esprit de notre République,
Conforme à la sainte Raison,
Contre une affreuse politique
Veut protéger l'instruction ;
Aussi, voyons-nous dans la France,
Que le peuple dans la souffrance,
Recherche son utilité.
L'instruction, j'aime à le croire,
Du triomphe vole à la gloire,
Ainsi qu'à l'immortalité !

VIII

L'étude enfante la morale,
Du peuple l'extrême besoin ;
Mais l'aristocrate cabale,
Jamais ne la pousse si loin.
C'est l'ignorance qu'on écoute,
Mais à l'ignorance il en coûte,
Trompant le peuple malheureux...
Remontant jusqu'au mauvais ange,
Et se vautrant dans cette fange,
Elle en a par-dessus les yeux !!!

IX

Comme l'athéisme est horrible ,
Le blasphème l'est tout autant ;
La chose à tout homme est sensible ;
Tout nous démontre un Dieu puissant ,
Qui nous dit : Guerre à l'imposture ,
Qui par devoir me défigure ;
Montre-toi, peuple courageux !
Que partout la raison humaine
Pourchasse la science vaine
D'aristocrates ténébreux !!!

X

Apologistes de la fable ,
Cédez aux institutions !
La République n'est aimable
Qu'en repoussant vos factions ;
A la Raison faites la guerre ,

Appelez sur nous le tonnerre,
Evoquez les Dieux des enfers ;
Le peuple ne veut se résoudre
A craindre du diable la foudre :
L'instruction brise nos fers !

XI

O République ! reste en France
Ame et soutien de mon pays,
Viens réveiller par ta présence
L'espoir des peuples asservis.
Entends la voix du prolétaire,
Il te chante, il ne peut se taire :
Souris à ses chants glorieux ;
Car enfin, sa voix immortelle,
Traversant la voûte éternelle,
Retentit jusque dans les cieux !

XII

J'ai narré pendant douze strophes,
Et ne m'élève pas plus haut ;
Les ennemis des philosophes
Peuvent me trouver un défaut...
Le voici : Trop lourde est ma plume .
Pourtant je ferais un volume ,
Tant je les connais un peu tous [1].

---

[1] Ici serait bien la place de l'infâme lettre de Hamel, curé de
Brillevast, arrondissement de Cherbourg, le successeur de feu
M. Lami, qui, m'ayant persécuté de 1816 à 1824, s'est montré,

Dans mon extrême petitesse,
Ayant déjoué leur finesse,
Peuples trompés, c'était pour vous !

à mes yeux, à la connaissance de tout le canton, l'homme sans égal. Si, dans une scène attendrissante, il versait des larmes, je l'inondais des miennes, et tout le monde pleurait. Il n'est plus ! honneur, honneur, honneur à sa mémoire, et pardon à l'auteur de la lettre qui m'est arrivée à Maromme, en date du 12 février 1843. La République m'a vengé, Dubust, vous le savez aussi ! Vive la République ! et tout est pardonné.

Chanson.

Air à volonté.

O bonheur de l'humanité !
La République rentre en France,
Vivons dans la fraternité ;
D'un grand peuple donnons l'exemple ;
Nos ennemis sont confondus,
Veillons qu'ils ne nous troublent plus !

Ces ennemis de leur pays,
Aristocrates pleins d'audace,
Se croyant déjà tout permis,
Se disposant à faire face
Au brave peuple né français.
Les voilà trompés à jamais.

Livrons-nous tous au doux espoir,
Car bientôt le commerce en France
Nous promet des jeux et des ris,
Nous arrachant de l'indigence,
Gloire à jamais au Dieu puissant
Qui son peuple rend triomphant ! ! !

Coup-d'œil philosophique et moral, ou l'esprit de la République française et de la voie de Dieu.

« Tout juge doit d'abord assurer sa balance ,
« Discuter, constater, peser la vraisemblance :
« Ce doute volontaire à l'esprit étranger,
« Ne jette sur le vrai qu'un voile passager ;
« Réfléchi , libre , sage , il mesure, il compare,
« Il refuse, il accorde, il unit , il sépare,
« Et ramène sans cesse un esprit emporté
« Au sein de la méthode et de la vérité. »

(Le cardinal DE BERNIS, *La Religion
vengée* , chant VII.)

Le bonheur naît du choc des grandes passions ;
Il germe dans le sein des révolutions !...

De passions , lecteur , l'homme est un assemblage.
Qui nous fit ce présent ? — Ce fut une main sage,
Dieu même , on le dirait , en a formé deux lots :
L'un pour les gens d'esprit , et l'autre pour les sots.
Chacun , dans son présent , puise enfin sa science ;
Chacun a plus ou moins reçu d'intelligence.
Content de ce qu'il pense et de ce qu'il écrit,
Le sot , à tout propos, affecte de l'esprit ;
Ainsi, surtout le sot , et s'admire et s'approuve ;
En tous lieux il se cherche, et partout il se trouve [1].

---

[1] « Contre la vérité qui condamne ses goûts ,
« Nos penchants, nos désirs, sont des tyrans pour nous »
(DE BERNIS. *La Religion vengée*, chant VII , contre l'hérésie.)

La voix des passions que conduit la raison
Ne repousse jamais que ce qui n'est pas bon.
Cette voix salutaire, appelant l'ndustrie,
Excite les talents à servir la patrie,
Elle mène à la gloire, au comble des beaux-arts,
De la sainte raison élève les remparts,
Entretient, affermit cet heureux équilibre,
Qui rend le peuple heureux en l'affermissant libre.

Le mal, on le conçoit, naît avec les humains ;
Sur le premier mortel il étendit ses mains,
Le saisit, le mena de souffrance en souffrance....
Mais lui laissant toujours la flatteuse espérance,
Dieu mit dans nôtre cœur le désir précieux
De conserver notre être et de mourir heureux.

Du choc des passions naît l'esprit de discorde ;
Si la saine raison rétablit la concorde,
Il sort des passions le désiré bonheur ;
Si le contraire arrive, on sent l'affreux malheur ;
Et le malheur, souvent, parmi tant que nous sommes,
Est le maître absolu qui corrige les hommes ;
Mais pour que du malheur il tire quelque fruit,
Il faut, n'en doutons pas, que l'homme soit instruit.

La bonne instruction du bonheur est la mère ;
Le FANATISME affreux du malheur est le père.
Le fanatisme... hélas ! qu'entendre à ce grand mot ?
Dirait un ignorant qui ne serait pas sot.

J'entends par fanatisme un esprit de vengeance
Pour la cause d'un Dieu qu'on sait plein de clémence,
Et que le fanatique, étant un insensé,
Pour se venger sur nous, nous peint comme offensé,
Nous dictant, en tyran, ses volontés sinistres,
Afin que nous ayons recours à ses ministres ;
Ainsi, le fanatique, on doit l'apercevoir,
Change le noir en blanc et du blanc fait le noir.

Puisse le Globe entier, contemplant notre France,
S'arracher comme nous des bras de l'ignorance !
Qu'attendre, qu'espérer d'un Roi trop absolu ?
A chaque règne, à flots, le sang est répandu ! ! !
Et l'on voudrait au Peuple inspirer sans réplique
La crainte et le mépris de notre République ! ! !

Le Peuple s'adressant à Dieu.

« La liberté Seigneur, ne venant que de toi,
« Dès qu'on y porte atteinte, on insulte à ta loi ' ;
« En t'invoquant, ô Ciel, pour enchaîner la France,
« Il faut comme en Juillet, de la persévérance.
Le plus juste parti doit être le plus fort :
La raison et la foi là-dessus sont d'accord.

' « Tenez-vous dans la liberté dans laquelle le Seigneur vous
« a mis, et ne vous remettez pas de nouveau sous le joug de
« l'esclavage. » (Épitre de saint Paul, apôtre, aux Galates,
chapitre V, verset 1er.)

Puissance de la Vérité.

L'esprit de vérité nourrit l'esprit du sage,
L'éclaire et le soutient en tout temps, à tout âge.
L'esprit de vérité produit l'esprit de paix ;
Père de la morale, on lui doit ses bienfaits.
Il conduit au bonheur quiconque le possède.
(Quand le peuple le suit, on voit que tout lui cède.)
Sa morale uniforme, en tout temps, en tous lieux,
Des peuples et des rois doit faire ouvrir les yeux ;
Il n'en fera jamais des êtres fantastiques
Des tyrans couronnés, instruments politiques ;
De la saine raison il suit tous les degrés,
D'un siècle enfin savant il suit le grand progrès.
Un autre en fait autant ; et les peuples fidèles,
Plus instruits, plus heureux, n'y sont jamais rebelles.
Un esprit bienfaisant, l'esprit de liberté,
Enfante heureusement l'esprit d'humanité.
La force et l'union marquant l'indépendance,
Sont les deux grands soutiens de notre libre France,
Et pour le peuple enfin, parlant ici sans fard,
La République en grand est son sacré rempart !
Enfin, de cet esprit le peuple se rend digne ;
S'il s'égare un instant, il se remet en ligne.

La Voix de la République.

« Peuple qui doit céder à la nécessité,
« Reconnais ton devoir peint dans ta liberté.
« Démasque l'imposture au genre humain funeste ;

« L'Esprit-Saint la détruit [1], le bon sens la déteste.

« Gagne en grand tous les cœurs par la persuasion,

« Mais jamais par l'esprit d'aucune faction.

« Permets toujours, permets, moi-même le désire,

« Permets à tout mortel de penser et d'écrire [2].

« C'est par ce grand moyen qu'on détruit les défauts

« Tenant au préjugé, l'auteur de tous nos maux.

« Sur la saine raison établis ta science,

« Pour pouvoir en sentir et prouver l'excellence.

« Pour mieux concilier les divers sentiments,

« Détruis et prouve à fond tous les vains arguments.

« Que la morale en tout soit toujours claire et pure,

« Portant sur les besoins de l'humaine nature.

« Que ton grand point, surtout, soit dans l'humanité,

« Sans quoi plus de liens pour la société.

« De la vertu souffrante allège la misère,

« Te souvenant toujours que tel homme est ton frère.

« En cherchant ton bonheur, cherche celui d'autrui,

« Sans cela tes travaux ne te sont d'aucun fruit.

« Qui n'agit que pour lui n'est pas digne de vivre ;

« On travailla pour toi : pense à qui doit te suivre.

« Ne te rebute point : sache oser et souffrir ;

« Détrompant le présent et même l'avenir,

---

[1] « Gardez-vous sur toutes choses du levain d'hypocrisie, car « il n'y a rien de caché qui ne soit découvert, ni rien de secret « qui ne doive être connu. » (Évangile saint Luc, chapitre V, verset 1 et 2.)

[2] « Parlez donc et agissez comme devant être jugés par la loi « de la liberté. » (Épitre catholique de saint Jacques, apôtre, chapitre II, verset 12.)

« Que ta prose et tes vers inspirent la sagesse ;

« D'éclairer les mortels tressaille d'allégresse.

« N'ais pas la vanité qui rend l'homme impuissant,

« Et ne t'arroge pas le titre de savant.

« Prends garde à tes défauts, que ta raison soit ferme,

« Sans cela de vertu l'homme n'a qu'un vain germe.

« Découvre le grand art connu des grands auteurs,

« L'art sublime et profond de toucher tous les cœurs.

« Dis que le genre humain doit vivre en République,

« Et là-dessus à fond détrompe l'hérétique.

« Réunis, en un mot, tous les grands sentiments,

« Prouvant tout mon esprit dans tous ses fondements,

« Fais enfin ce qu'il faut pour vivre sans reproche ;

« D'aucun infortuné n'évite point l'approche.

« De plus en plus sois doux et fais de justes lois ;

« Mets la balance égale, ajoute à petits poids... »

De cet esprit profond tel est le vrai langage ;
Ne se coupant jamais il forme le vrai sage.
Frappé de son éclat, frappé de son pouvoir,
Le peuple né français l'embrasse par devoir.

La Voix de Dieu.

« Jusqu'à ce jour, mortels, vous n'avez fait qu'entendre

« Mes grandes vérités sans pouvoir les comprendre ;

« Étant l'Être éternel de la terre et des cieux,

« Je vais, par mon pouvoir, vous dessiller les yeux.

« L'auguste vérité, se prouvant toujours pure,

« Est conforme aux besoins de l'humaine nature [1].

« Votre ame sent en vous, ce ne sont point vos sens,

« Elle est vous ! pourquoi donc écrire un contre-sens ?

« Donc, quand vous raisonnez, dites en homme sage :

« Non, non, nos sens grossiers ne dictent nul ouvrage.

« L'ame en vous conduit tout et les pieds et les mains,

« Puisque tous en mourant vous quittez les humains...

« L'ame, au-dessus des sens, vise à l'expérience ;

« Pour vous, le seul moyen de trouver l'évidence,

« L'équilibre des sens porte à l'humanité,

« Et leur trouble, souvent à la férocité.

« Ouvrez enfin les yeux, quand tous je vous éclaire,

« Pour apprendre à juger, pour apprendre à bien faire,

« Et pénétrez-vous bien que l'ame, pur esprit,

« Ne peut cesser de vivre et jamais ne périt.

« Vivez-donc tous heureux, tant que vous pouvez l'être,

« Car le parfait bonheur n'appartient qu'à mon être !!!

---

[1] Car « la doctrine que nous annonçons, c'est que Dieu est « lumière et qu'il n'y a point en lui de ténèbres. Si nous disons « que nous avons communion avec lui et que nous marchons « dans les ténèbres, nous mentons, et nous n'agissons pas selon « la vérité » (1re Épitre catholique de Saint-Jean, apôtre, cha-pitre Ier versets 3 et 6).

« Un misérable corps composé d'éléments ,

« Puisqu'il n'est pas moi-même a besoin d'aliments :

« C'est donc par le travail , la fatigue et la gêne ,

« Que l'homme , en tout pays dont il est indigène ,

« En sentant sa faiblesse , à l'homme doit s'unir ,

« Pour , dans tous ses besoins , pouvoir se secourir.

« Braver les éléments sur la terre et sur l'onde ,

« Détromper son esprit des erreurs de ce monde ,

« Pour trouver la lumière au milieu de la nuit ,

« De tant de passions où la vérité luit ;

« Pour distinguer enfin des épaisses ténèbres ,

« L'erreur des grands mortels, des hommes trop célèbres ,

« Décriant hautement ma révélation ,

« Pour repousser la foi rebutant la raison ,

« Trompant le genre humain, qui par là me blasphême

« Dans des livres dictés par leurs passions même.

« Ma loi, ma sainte loi , vivante dans vos cœurs ,

« Écrite au sein de vous , se trouve écrite ailleurs.

« Les passions jamais ne peuvent la détruire ,

« Ne peuvent l'ébranler , ne peuvent la séduire ;

« La conscience est là , bravant les sots discours ;

« Au plus hardi mortel elle parle toujours...

« Et quand de ses erreurs il pleure à la mémoire ,

« Il sonde le grand point qui le couvre de gloire !

« Vous êtes , ô mortels ! tous égaux devant moi....

« Sur ce point sérieux accordez votre foi ,

« C'est le grand dogme saint, qu'aucun de vous n'en doute,

« La raison et la foi marchent la même route.

« Tenez-le pour certain , et sachez qu'en tout lieu ,

« Ma voix, la voix du peuple est bien la voix de Dieu !!! »

— Vive la République ! —

Élévation de notre ame vers Dieu.

Seul être universel, ô toi seul que j'adore ,
J'ai honte des faux dieux , honte , et puis honte encore !
A toi je me soumets ; tu fais battre mon cœur ,
Et c'est pour te chanter que j'ai pointé l'erreur.
Je t'aperçois partout : partout tu te présente ;
Mon cœur ne battrait plus si j'étais sans attente.
Je le sens qui m'échappe. . il s'élance vers toi ;
Il m'entraîne au bonheur qui suit ta sainte loi ,
M'entraîne à la prudence, et ma passion même ,
Ma passion du vrai me prouve que je t'aime.
Ton Esprit-Saint m'inspire et me conduit la main
Pour de la République enseigner le chemin.
Bénit soit à jamais ta majesté vivante !
Électrise mon cœur, rend ma tête pensante ;
Affermis ma raison , vrai flambeau lumineux
Émané de toi-même et qui me rend heureux !
Quel immense bonheur , ô seul Être suprême !
De respirer dans toi , quand tu vis dans moi-même ! ! !
Ton pouvoir contient tout sans être contenu . .
Je ne vis que par toi, car partout répandu ,
Ton inborné pouvoir féconde toute chose ,
Et c'est sur ta bonté que l'homme se repose.
Tout différent des Dieux faits par nos passions ,
De tous les esprits faux tu confonds les raisons.
Rien ne peut déranger ta suprême puissance ;
Tout marche et suit tes lois avec persévérance.
En un mot, aujourd'hui, de rien je ne me plains. . .
Quand je détruis l'erreur des ignorans humains ,
C'est que de la raison, qui doit tous nous conduire ,

Un grand nombre s'écarte et ne vise qu'à nuire.

L'un ne vise qu'au faux , l'autre à la vérité.

Le faux est de l'erreur la sombre obscurité.

Le vrai nous fait trouver la céleste lumière ,

Et prouver son éclat à la nature entière ,

En démontrant à fond , en tout temps, en tous lieux,

Qu'enfin le peuple pense, et qu'il ouvre les yeux.

C'est par ton saint esprit , ô puissance divine !

Que ton peuple aujourd'hui veut ta sainte doctrine.

Sentant bien que le mal ne peut venir de toi ',

' Il surgit une objection capitale : le mal existe ! Comment concilier le mal avec le caractère paternel du Créateur ? Cette opinion non résolue a porté l'homme au doute ; c'est elle qui a formé les athées, les impies, les demi-croyants. Il faut donc montrer que le mal peut être dans un milieu régi par des lois qui n'apportent que le bien. — Il suffit d'observer un fait qui se reproduit chaque jour sous nos yeux.

Un ingénieur a construit une machine sagement calculée pour les résultats à obtenir.

Un ignorant, sans rien comprendre au mécanisme de la machine, se charge étourdiment de la diriger. S'il ne peut en tirer parti, s'il s'embarrasse dans les rouages, s'il se blesse, s'il se tue, rendra t-on l'ingénieur responsable de ce malheur ? Dieu a tout préparé pour le bien, mais il faut étudier le jeu de son œuvre admirable pour découvrir l'art d'en tirer parti. Si l'homme, refusant de faire usage de la raison dont il a été doué, se heurte maladroitement aux forces motrices de la création , s'il se brise dans cette lutte, la faute est à lui seul. Car l'homme peut comprendre, s'il veut observer ; et quand il a compris , il cesse de souffrir. Le mal, c'est l'ignorance ; avec la science, le mal disparait. (M. Hippolyte Renaud , *Solidarité*, chapitre II ; *De Dieu et du mal*, page 35 et 36 ; deuxième édit., 1845.) Relisez cette note importante !

Qu'il peut dire et qu'il dit : Tout le mal vient de moi !
Ton peuple s'instruisant, divine Providence !
Ton peuple reconnaît son extrême démence.
Qu'étant sourd de raison dans ses gouvernements,
L'orgueil-démon l'y perd en tous lieux, en tout temps.
En voyant son malheur, ô notre commun père !
Il veut présentement sortir de sa misère !
Car avili qu'il est, ayant fait son malheur,
Il prouve à ses tyrans qu'il a de la grandeur.
Oui ! ton peuple est très grand, d'autant plus qu'il est sage,
Et je te reconnais, Seigneur ! dans ton ouvrage.
Ta puissance suprême ouvrant ses facultés,
Tu lui fis le saint don, don de ses volontés,
Mettant dans son esprit la science admirable
D'accorder finement l'utile à l'agréable.
Du mal, en son esprit, gravant le souvenir,
Tu lui fais pressentir un riant avenir ;
Lui donnant un cerveau doué d'intelligence,
Qui, d'un millier de soins, est le canal immense.
Tu l'as fait, en un mot, pour qu'il soit satisfait,
Ton chef-d'œuvre accompli, l'être le plus parfait !
Sans ta grâce, ô mon Dieu ! que serait-ce que l'homme ?
Mais sans apprécier de tes bontés la somme,
Mon cœur toujours brûlant et d'amour et d'espoir,
De t'aimer, t'adorer, m'impose le devoir.
Gloire à toi dans le temps et l'éternelle gloire !
A mon dernier soupir, présent à ma mémoire,
Ne pouvant plus parler, aimant toujours ta loi,
Mon cœur te redira : Gloire à toi ! gloire à toi !
Or, sans appréhender de finir ma carrière,
Sans changer de principe à mon heure dernière,

Plaignant les ignorants qui redoutent mes vers,
Après t'avoir chanté, moteur de l'Univers,
Sur l'esprit de la foi, soutenu par ta grâce,
De la terre au ciel même ayant franchi l'espace,
Je redirai cent fois ce langage pieux :
L'Esprit Républicain m'a dessillé les yeux !

Le Règne de la République.

Règne partout en souveraine ;
Enseigne tes lois aux mortels ;
Que l'Univers soit ton domaine,
Et nos cœurs tes dignes autels.
On verra fleurir dans le monde
La véritable égalité.
Les arts, dans une paix profonde,
Recouvriront leur liberté !

Le riche emploiera ses richesses
A secourir les malheureux ;
L'avare fera des largesses ;
L'ingrat deviendra généreux.
Le lâche fera diligence ;
Le misanthrope et le jaloux
Montreront de la confiance,
Et le colère sera doux !

Oui, l'envieux de son semblable
Chérira la prospérité ;
L'orgueilleux deviendra traitable ;
Le faux dira la vérité ;

Le haineux perdra la mémoire
Des forfaits de ses ennemis ,
Et le fourbe mettra sa gloire
A tenir ce qu'il a promis !

Encourage par l'espérance
L'être souffrant et vertueux.
Anime la mâle éloquence
De tes apôtres courageux.
Que le Dieu dont ma rêverie
M'offre en toi ces tableaux charmants ,
Protège ma chère patrie
En faveur de mes sentiments.

Fais qu'une charité sublime
Tienne mon cœur toujours ouvert ;
Que l'amitié la plus intime
M'unisse à tout ce qui m'est cher !
Qu'en toi ma croyance soit ferme ,
Mais sans jactance jusqu'au but,
Où mon existence, à son terme,
Te paiera son dernier tribut !

(3 Mars 1848.)

REMARQUE IMPORTANTE,

———◆◆◆———

C'est ici, pour la première fois de ma vie, que je publie la vérité sans nuages comme sans ornements ; car la vérité toute nue n'a nullement besoin de l'ornement du langage. C'est dans mon cœur, plus que dans les livres, que j'ai cherché et sondé la voix de l'auguste vérité, si difficile à suivre dans la profondeur de ses développements. O vérité vivante dans nous, et si nécessaire à l'homme ! En écoutant ta voix au fond de mon cœur, ma plume, au moins, a pu, en peu de mots, te répéter à mes semblables, en te dégageant de l'affreuse imposture. Tant il est vrai que l'esprit de l'homme, dans ses plus grands, ses plus terribles écarts, est toujours forcé d'en revenir à cette belle loi naturelle, si bien développée par l'esprit de la République-humanité. Car c'est là, dans nos cœurs, qu'elle est réellement établie ; c'est là que le riche comme le pauvre, le fort comme le faible, le savant comme l'ignorant, c'est là, dis-je, que nous devons tous consulter cette sainte loi ; autrement, nous nous révoltons contre la foi, contre la raison, contre la liberté, contre l'égalité, contre la fraternité, et, par contre-coup, contre nous-mêmes. Or, en agissant de la sorte, nous n'agissons que pour notre malheur présent.

Voilà, en effet, ce que nous dit le bel accord, l'accord inséparable de l'inséparable trinité :

RAISON ! FOI ! SCIENCE ! Sans cet accord, hélas ! si rare chez nos bons, chez nos sublimes auteurs, comment pouvoir distinguer la vérité toute simple du mensonge artificieusement déguisé par les écrivains d'une éloquence aisée, plus brillante que profonde?

Un livre, quel qu'il soit, ne doit point se peser sur l'épaule. La force, la beauté, la pureté et la philosophie du véritable Christianisme Républicain, doit s'expliquer en peu de mots pour être véritablement utile au peuple ouvrier dont je fais partie. Ce petit ouvrage est donc uniquement entrepris pour le peuple, afin de lui démontrer à fond que la raison, la foi et la science sont inséparables Dans mes persécutions de 1816 à 1824, j'occupais mes moments de loisir à démontrer cette vérité fondamentale: aujourd'hui, pour répondre à la lettre de M. Hamel, dont je suis l'heureux possesseur, je dois faire voir que ma curiosité devait me porter là. Car, sans curiosité, pas de recherches de la vérité; de même aussi que, sans passions à combattre, pas de luttes, pas de victoire, pas de gloire, pas d'éclatant triomphe de la vérité sur le mensonge... Et toujours l'homme d'argile, de boue, ne devant pas toucher à l'arbre de la science!!!... et qui, se vautrant dans le bourbier de l'ignorance, met la lumière sous le boisseau, et ne voit pas qu'on est jugé toujours d'après ses œuvres, ainsi qu'on juge et qu'on peut connaître un bon et mauvais arbre à son fruit.

C'est ainsi que ni la flatterie, ni l'ambition, ni la crainte des hommes ne forceront jamais ma plume à déguiser l'esprit de la République Chrétienne, ni applaudir les lâches qui la trahissent. C'est donc par un goût bien raisonné, bien décidé que j'applaudis à l'esprit du véritable Chrétien Républicain, esprit inséparable de la raison, de la foi et de la science; car, dit Jésus-Christ, prenez garde qu'on ne vous séduise, parce que plusieurs viendront sous mon nom; car il se lèvera de faux prophètes qui vous séduiront. J'ai voulu vous en avertir. (Évangile saint Mathieu, chapitre XXIV.)

Oui, cher lecteur ; oui, braves citoyens, l'esprit républicain doit enfin fixer irrévocablement notre choix.

Pour moi, dans le silence des nuits, au dépens du sommeil qui, comme dit Érasme, est l'ame de la vie, il y a longtemps qu'au fond j'y suis fidèle sans effort, ingénu sans art quand j'ai la plume à la main, et vrai sans masque.

Véritablement tranquille dans mes méditations sur ce que les hommes ont plus ou moins bien pensé les uns que les autres, j'ai voulu vous faire voir ici le théâtre immense où ils s'exercent tour à tour, et, vous détrompant à fond, je me suis fait un jeu, un noble amusement de l'affaire sérieuse des hommes.

« La question (dit l'abbé Lamennais, *De la Religion*, avant-propos, page 20, 1841), la question à l'égard de l'homme n'est pas de savoir ou non une religion, mais quelle elle sera ; c'est là le problème qui tourmente aujourd'hui, sur la surface entière du globe, toutes les nations éperdues. »

« Redressez, dit J.-J. Rousseau (livre IV, chapitre VII de son *Contrat Social*), redressez les opinions des hommes, et les mœurs s'épureront d'elles-mêmes. On aime toujours ce qui est beau, ou ce qu'on trouve tel, mais c'est sur le jugement qu'on se trompe. C'est donc le jugement qu'il s'git de régler. »

Voilà aussi ce que j'ai osé entreprendre.

Car ma sainte critique, aux yeux du vrai penseur,
Doit l'arracher en grand des piéges de l'erreur.

Mieux que tous ceux que je combats, j'ai senti que la critique doit se perfectionner par l'accord inséparable de cette inséparable trinité :

Raison, foi, science. Car quelle vie suffirait à débrouiller, à épurer tout en fait de livres? Quelle patience soutiendrait l'ennui de cette discussion, surtout par rapport à ces derniers siècles, où la demangeaison d'écrire a multiplié des volumes à l'infini? Je me suis attaché à perfectionner l'esprit de la critique nouvelle de la République chrétienne, accordant toujours la raison, la foi et la science, parce que j'ai éprouvé et fait sentir que, par ses règles constantes, invariables, elle doit donner de meilleurs principes aux sciences, de nouvelles lumières à ceux qui me liront, et d'heureuses ouvertures pour déterrer ce qui était échappé aux siècles précédents. Comme le but de cette critique chrétienne est de développer tous les replis des ouvrages d'esprit et de discerner le vrai du faux, on ne peut s'égarer sous la conduite d'un tel guide (raison, foi, science) qui abrègera la peine des études, en soulageant du poids énorme de tant de livres ou altérés, ou supposés, ou inutiles ou pernicieux. Les bons se reconnaîtront aux deux marques de distinction (Liberté, égalité, fraternité; — Raison, foi, science) que l'esprit du christianisme y met, et les mauvais écrits sont renvoyés au rebut et notés d'un caractère d'infamie; ils disparaîtront sans que le lecteur soit obligé d'acquérir le droit de les mépriser par la fatigue de les lire!

Car voici le défaut capital de la plupart des écrivains :

Des défauts des mortels le premier c'est l'orgueil;
L'orgueil fut et sera du vrai savoir l'écueil.

L'orgueil, toujours l'orgueil, chose comme incroyable,

De tous les faux savants est le mal incurable !
Pesez-donc tous les mots démasquant l'imposteur,
Car de la vérité je déteste l'horreur.
Le faux comme l'orgueil montre l'inconséquence,
L'inconséquence en grand plonge dans l'ignorance ;
L'esprit des faux savants étant inconséquent
De chaque vain système il tourne au moindre vent.
Tantôt il croit un Dieu, tantôt il le renie,
Des contradictions il n'a que la manie,
De la brute nature, il veut dicter les lois,
L'esprit de Jésus-Christ l'écrase de son poids ;
L'un d'eux va dans les sens mettre l'intelligence,
C'est par les sens qu'il vit, c'est par les sens qu'il pense ;
Il n'en connait que cinq dans son entendement.
C'est par eux qu'il discute, et c'est par eux qu'il sent.
Le sens intérieur, ou pour mieux dire, l'ame,
N'a rien qui le réchauffe et de grandeur l'enflamme.
Tel est l'affreux tableau de l'esprit des humains,
De tout leur faux esprit, de leurs systèmes vains,
De leur extravagance, en un mot, de tout croire
Ou de ne croire rien, ce dont ils se font gloire,
Dont je conclus en grand, en faveur de la foi,
Que tout l'esprit humain, pour et contre en émoi,
Ne s'entendra jamais sans la loi naturelle.
Puisse le genre humain ne reconnaître qu'elle ;
Elle est vivante en nous ; donc, la divinité,
Par elle nous instruit touchant l'humanité.

« Peuples polis, peuples savants, prenez-y garde », dit
l'aimable Saint-Lambert. « Vous n'aurez une morale, de
« bons gouvernements et des mœurs que lorsque les prin-
« cipes du droit naturel seront reconnus de tous les

« hommes, et que vous et vos législateurs en ferez une
« application constante à votre conduite et à vos lois. C'est
« alors que vous serez meilleurs, plus puissants, plus
« tranquilles ; c'est alors que vous ne serez plus les tyrans
« et les bourreaux du reste de la terre... O peuples ! soyez-
« vous utiles les uns aux autres ; que les productions du
« midi passent au nord, que les lumières de l'orient
« éclairent l'occident ; restez unis, c'est votre intérêt et
« celui de vos chefs.... O arbitres des hommes ! des-
« cendez dans vous-même, lisez dans vos cœurs les pa-
« roles du Très-Haut. Elles y sont gravées.... faites grâce
« au faible, soulagez le pauvre, honorez l'homme utile,
« récompensez l'homme laborieux. Eloignez l'insensé,
« consultez le sage, rendez justice à tous, et vous n'aurez
« point d'ennemis... O rois, ô princes de la terre, crai-
« gnez les plaintes des malheureux ; elles parcourent la
« terre, elles traversent les mers, elles pénètrent les
« cieux, elles changent des empires, il ne faut qu'un soupir
« de l'innocent opprimé pour renverser le monde » et,
pouvons-nous ajouter, pour faire ouvrir les yeux au peuple,
ainsi que le fait ici l'esprit de la République chrétienne,
dont l'esprit de persécution nous a suivi de Brellevas, arrondissement de Cherbourg, jusqu'à Monville près Rouen.

Mais nous le répétons ici : à quelque chose malheur est
bon. Du mal est sorti le bien, et la recherche de la vérité est
sortie victorieuse de nos longs combats sur le pour et contre.

Honte à qui persiste dans l'erreur volontaire, et gloire
à la mémoire de M. le curé Lami !

VIVE LA RÉPUBLIQUE !

Tel est le grand souhait que je forme de cœur.
Adieu, portez-vous bien, à nous revoir, lecteur.